So wird es gemacht:

Öffne das miniLÜK®-Lösungsgerät und lege die Plättchen in den unbedruckten Deckel!
Jetzt kannst du auf den Plättchen und im Geräteboden die Zahlen 1 bis 12 sehen.

Beispiel: Seite 2
Geschichten-Mix – Erlebniserzählungen

Nimm das Plättchen 1 und sieh dir Aufgabe 1 an! Zu welcher Geschichte gehört der Satz? Die richtige Antwort lautet: Spielen im Wald. Zur richtigen Antwort gehört die Zahl 1. Die 1 ist auch die Feldzahl im Lösungsgerät, auf die du das Plättchen 1 legst, also Plättchen 1 auf das Feld 1 im Geräteboden!
Die Zahl **1** muss nach oben zeigen.

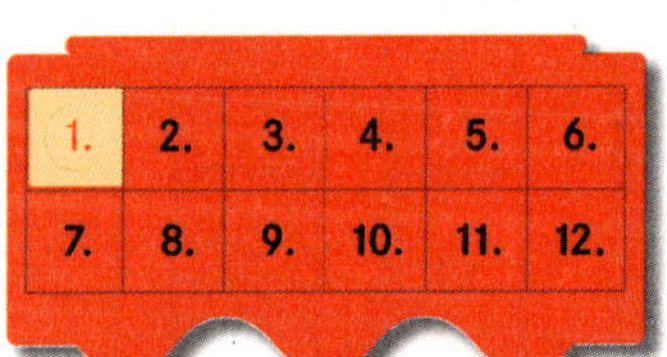

So arbeitest du weiter, bis alle Plättchen im Geräteboden liegen. Schließe dann das Gerät und drehe es um! Öffne es von der Rückseite!

Wenn du das bei der Übungsreihe abgebildete Lösungsmuster siehst, hast du alle Aufgaben richtig gelöst.

Passen einige Plättchen nicht in das Muster, dann hast du dort Fehler gemacht. Drehe diese Plättchen da, wo sie liegen, um, schließe das Gerät, drehe es um und öffne es wieder!
Jetzt kannst du sehen, welche Aufgaben du falsch gelöst hast. Nimm diese Plättchen heraus und suche die richtigen Ergebnisse!
Kontrolliere dann noch einmal!
Stimmt jetzt das Muster?
Das System ist für alle Übungen gleich: Die roten Aufgabennummern im Heft entsprechen immer den miniLÜK-Plättchen aus dem Lösungsgerät.
Die Feldzahlen bei den Lösungen sagen dir, auf welche Felder im Lösungsgerät die Plättchen gelegt werden.

Und nun viel Spaß!

Dieses Papier wurde aus chlorfrei gebleichtem Zellstoff hergestellt.

Zu welcher Geschichte gehört der Satz?

1. Ida und Dirk rannten über die Lichtung.
2. Seit gestern vermisste Ramona ihre kleine Katze Mauzi.
3. Nina und Armin hatten eine Höhle auf dem unbeleuchteten Dachboden.
4. Da ging plötzlich das Licht aus und eine Maus huschte in ihr Loch.
5. Nur leise konnte man ein Miauen aus der Ferne hören.
6. Sie versteckten sich immer wieder hinter Büschen und Farnen.
7. Ihr Schwanz war durch ein zugeschlagenes Fenster eingeklemmt.
8. Voller Angst tasteten sie sich zur Tür.
9. Auf den niedrigen Bäumen konnte man herrlich wippen und schaukeln.
10. Sie war glücklich, dass sie ihr Kätzchen wieder hatte.
11. Am nächsten Tag wollten sie dort unbedingt Pfeiljagd spielen.
12. Noch einmal würden sie nicht ohne Taschenlampe dorthin gehen.

Schreck im Dunkeln	Spielen im Wald	Wo is Mauzi
10	1	6
9	6	4
6	8	12
8	11	10
2	4	12
7	3	8
5	9	2
10	5	1
7	11	3
11	1	7
2	5	12
9	3	11

Fragen zu einer Erlebniserzählung

Sind die Fragen richtig oder falsch?

	richtig		falsch
1	7	Wie viele Stunden haben wir heute?	6
2	2	Wann ist das passiert?	9
3	9	Wie ist der Schluss der Geschichte?	10
4	1	Wann gibt es den Fernsehkrimi?	5
5	3	Wer sind die Hauptpersonen?	8
6	5	Was machen wir heute Nachmittag?	1
7	12	Wie wird das Wetter morgen?	11
8	8	Was geschieht im Hauptteil?	4
9	10	Wo passiert das?	3
10	6	Mit wem spiele ich in der Pause?	12
11	4	Was denken, fühlen oder machen die Personen?	2
12	11	Wen lade ich zu meiner Geburtstagsparty ein?	7

Treffendere Verben (Zeitwörter) für „ist“ und „sind“

Am Strand

Suche das treffendere Verb (Zeitwort).

1	Die Sonne **ist** hoch am Himmel.
2	Viele kleine, weiße Wolken **sind** vorbei.
3	Ganz leise **ist** der Wind.
4	Schwäne **sind** im Wasser.
5	Die Temperatur **ist** 27 Grad C.
6	Viele Kinder **sind** mit Schaufeln am Strand.
7	Ein Junge **ist** an seiner Sandburg.
8	Die Erwachsenen **sind** auf Luftmatratzen.
9	In der Ferne **ist** ein Segelboot.
10	Männer mit Angelruten **sind** an der Seebrücke.
11	In einer breiten Pfütze **ist** ein Krebs.
12	Auf der Sandbank **sind** die Möwen sehr laut.

angeln	11
baut	6
beträgt	8
krabbelt	1
kreuzt	7
liegen	4
scheint	5
schreien	3
schwimmen	12
spielen	9
weht	2
ziehen	10

Wortfelder „gehen“ und „reden“

1 ungleichmäßig **gehen**

2 laut **reden**

3 leise **gehen**

4 undeutlich **reden**

5 langsam **gehen**

6 heiser **reden**

7 sprunghaft **gehen**

8 heimlich **reden**

9 schnell **gehen**

10 leise **reden**

11 laut **gehen**

12 gemütlich **reden**

bummeln	10
flüstern	8
hinken	2
hüpfen	7
krächzen	5
laufen	3
nuscheln	1
plaudern	11
rufen	6
schleichen	4
trampeln	9
tuscheln	12

Bildhafte Ausdrücke – zusammengesetzte Nomen (Namenwörter)

Was bedeuten diese bildhaften Ausdrücke?

1
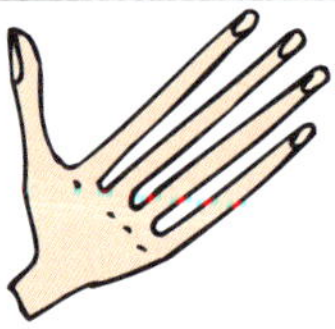
Langfinger

2

Hexenschuss

3

Großmaul

4

Schnapsidee

5

Autoschlange

6

Wüstenschiff

7

Stubenhocker

8

Leichtfuß

9

Schlafmütze

10
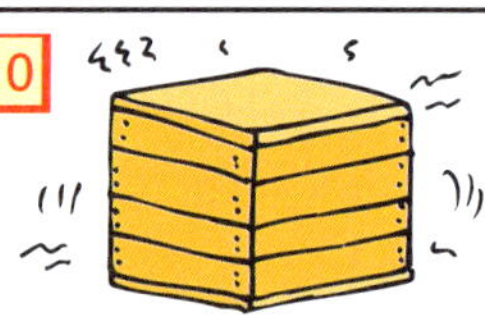
Flimmerkiste

11

Grünschnabel

12
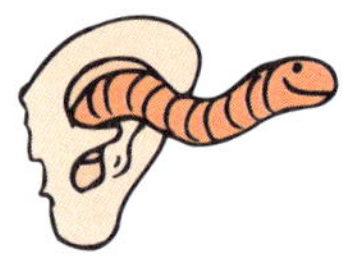
Ohrwurm

Angeber	10
bekannte Melodie	5
Dieb	8
Fernsehapparat	2
jemand, der lieber zu Hause bleibt	1
jemand, der viel schläft	9
junger Mensch ohne Erfahrung	3
Kamel	11
leichtsinniger Mensch	6
starker Rückenschmerz	12
verrückter Einfall	7
viele Autos im Stau	4

Treffende Ausdrücke – zusammengesetzte Nomen (Namenwörter)

Ferien in Cuxhaven

Treffender Ausdruck gesucht!

1. In den **Ferien im Herbst** fuhren wir nach Cuxhaven.
2. Sofort nach der Ankunft mieteten meine Eltern einen **Korb für den Strand**.
3. Für Wanderungen im Watt hatten wir **Stiefel aus Gummi**.
4. Dort konnte man viele kleine **Tiere des Meeres** sehen.
5. Nach einem Sturm findet man sogar **Sterne der See**.
6. An der Küste stehen auch viele **Türme zum Leuchten**.
7. **Die Fahrer auf der See** können dann besser den richtigen Weg finden.
8. Für Notfälle waren im Hafen **Ringe zur Rettung** angebracht.
9. Einmal fanden wir ein heulendes **Baby der Seehunde**.
10. Davon gibt es noch viele in der **See des Nordens**.
11. Die mutterlosen Heuler werden in einer **Station der Aufzucht** aufgepäppelt.
12. Wenn sie groß sind, dürfen sie wieder ins **Meer der Watten**.

Aufzuchtstation	8
Gummistiefel	7
Herbstferien	12
Leuchttürme	4
Meerestiere	5
Nordsee	6
Rettungsringe	9
Seefahrer	11
Seehundbaby	2
Seesterne	1
Strandkorb	3
Wattenmeer	10

Reizwörter – Nomen (Namenwörter)

Welches Nomen (Namenwort) passt am besten zu den beiden Reizwörtern?

1

Sommer – Ferien	
Hals 6	Mitleid 12
Badeanstalt 4	

2

Park – Teich	
Schwäne 8	Lohn 10
Mannschaft 6	

3

Ausflug – Hitze	
Durst 11	Töne 1
Scheibe 5	

4

Polizist – Halteverbot	
Geruch 7	Strafzettel 3
Schädel 9	

5

Konditorei – Kuchen	
Eimer 2	Sahne 5
Woche 9	

6

Waschmaschine – Wäsche	
Freund 2	Raststätte 11
Seifenpulver 7	

7

Küche – Herd	
Träne 3	Pfanne 9
Zeugnis 4	

8

Bundesliga – Sportplatz	
Markt 11	Abhang 7
Fußball 2	

9

Feuerwehr – Rettungswagen	
Notruf 12	Hotel 1
Gesicht 5	

10

Donner – Blitz	
Geduld 4	Regen 10
Kapelle 3	

11

Garten – Gemüsebeet	
Salat 6	Neugier 8
Krach 12	

12

Frost – Glatteis	
Herde 8	Gehör 10
Unfall 1	

Reizwörter – Verben (Zeitwörter)

Welches Verb (Zeitwort) passt
am besten zu den beiden Reizwörtern?

1 Ampel – Auto

bremsen 3 | segeln 10 | nachdenken 7

2 Schulfest – Gäste

wohnen 5 | schlafen 9 | spielen 1

3 Buch – Zeitschrift

prahlen 12 | lesen 6 | schütten 8

4 Schule – Gedicht

fegen 9 | lernen 4 | taumeln 7

5 Geschirr – Tuch

reizen 2 | starren 11 | abtrocknen 12

6 Rezept – Topf

kochen 2 | klingen 5 | weinen 10

7 Löffel – Teller

essen 10 | flüstern 1 | zaubern 12

8 Mehl – Hefe

hoffen 4 | backen 7 | schweben 1

9 Weinflasche – Glas

schlachten 8 | jagen 3 | trinken 5

10 Blumen – Vase

pflücken 9 | naschen 6 | kritzeln 11

11 Signal – Bahn

saugen 3 | halten 11 | wünschen 2

12 Kiosk – Zeitung

schlichten 6 | kreischen 4 | kaufen 8

Reizwörter – Adjektive (Eigenschaftswörter)

Welches Adjektiv (Eigenschaftswort) passt am besten zu einem oder zu beiden Reizwörtern?

1

Hund – Maulkorb			
frisch	7	bissig	1
schmutzig	3		

2

Winter – Schnee			
weiß	11	stark	10
mühsam	5		

3

Gänse – Federn			
frostig	12	ehrlich	11
leicht	10		

4

Backpulver – Teig			
albern	12	locker	8
zornig	10		

5

Geschirr – Spülmittel			
scheu	2	sauber	4
finster	9		

6

Arbeit – Überstunden			
trocken	1	listig	4
fleißig	6		

7

Traktor – Motorschaden			
frech	9	kaputt	2
munter	6		

8

Autobahn – Motorrad			
schnell	5	zäh	1
nackt	11		

9

Tiergarten – Löwe			
gefährlich	9	winzig	6
gütig	8		

10

Hitze – Feuer			
höflich	5	lustig	3
heiß	7		

11

Katze – Fell			
offen	4	falsch	8
weich	3		

12

Zelt – Regen			
nass	12	saftig	2
fremd	7		

Treffendere Adjektive (Eigenschaftswörter) für „schön“ und „schlecht“

1. Markus heftet seine Arbeitsblätter **schön** weg.
2. In der Schule hören alle **schön** zu.
3. Der Palast der Königin ist **schön**.
4. Die Speisen in dem Restaurant sind **schön**.
5. Der Brief eines Detektivs ist **schön**.
6. Vaters Witz war wirklich **schön**.

aufmerksam	4	aufregend	7	lustig	3
ordentlich	6	prunkvoll	1	schmackhaft	11

7. Die Nachrichten von dem Unfall sind **schlecht**.
8. Mutters Hochzeitskleid ist **schlecht**.
9. Ein 1000 m-Lauf ist sehr **schlecht**.
10. Im November ist das Wetter oft **schlecht**.
11. Ein Krokodil in der Wohnung ist **schlecht**.
12. Helena fühlt sich bei Grippe und Fieber **schlecht**.

altmodisch	10	anstrengend	8	gefährlich	2
krank	9	neblig	12	schlimm	5

Wortfeld „machen“ mit Adjektiv (Eigenschaftswort)

Was Lauri zu Hause alles macht.

Suche den treffenden Ausdruck.

1. Zuerst **macht** er den Tisch **sauber**.
2. Danach **macht** er das Geschirr **trocken**.
3. In einem großen Topf **macht** er die Suppe **warm**.
4. Mit etwas Wasser **macht** er sie **länger**.
5. Die Kartoffeln **macht** er mit der Gabel **klein**.
6. Er **macht** die Würste **halb**.
7. Dann **macht** er die Tischdecke **glatt**.
8. Mit einem Leuchter **macht** er den Tisch **schön**.
9. Seinen ungeduldigen Bruder **macht** er **ruhig**.
10. Für ihn **macht** er die Suppe **kühl**.
11. Die Nachspeise **macht** er mit Zucker **süß**.
12. Zum Schluss **macht** er den Suppentopf **leer**.

beruhigt	3
glättet	2
halbiert	12
kühlt	1
leert	6
säubert	7
süßt	9
trocknet … ab	11
verlängert	8
verschönert	5
wärmt … auf	4
zerkleinert	10

Wortfeld „machen“ mit Vorsilbe

1 
die Tür **zumachen**

2 
eine Kerze **anmachen**

3 
viel Schlimmes **durchmachen**

4 
Blumen **zusammenmachen**

5 

eine Aufgabe **vormachen**

6 
das Feuer **ausmachen**

7 
Bücher **vermachen**

8 
ein Fenster **aufmachen**

9 
Abfall **wegmachen**

10 
ein Bild **festmachen**

11 
Tapeten **abmachen**

12 
Kirschen **einmachen**

anzünden	3
aufhängen	1
binden	2
einkochen	10
entfernen	11
erleben	12
löschen	4
öffnen	9
schenken	8
schließen	7
wegwerfen	5
zeigen	6

Tierbeschreibung – Merkmale

Was gehört **nicht** zu den Tieren?

1	Biene
Fühler	12
Giftzahn	7
Stachel	9

2	Huhn
Federn	7
Flügel	5
Mähne	11

3	Katze
Schnurrhaare	1
Flossen	10
Fell	12

4	Kaninchen
Beutel	8
Löffel	3
Sprungbeine	11

5	Bussard
Fänge	2
Schwingen	8
Pfoten	4

6	Ziege
Rüssel	12
Kinnbart	11
Schwanz	1

7	Pferd
Schweif	6
Schuh	2
Huf	4

8	Hund
Ast	5
Rute	2
Schnauze	9

9	Ente
Schnabel	6
Schwimmfüße	10
Höcker	9

10	Schwein
Borsten	8
Bürste	1
Schwarte	3

11	Kuh
Geweih	3
Hörner	7
Euter	5

12	Hahn
Kamm	4
Sporen	10
Schere	6

Körperteile von Tieren – Adjektive (Eigenschaftswörter)

Welches Wort eignet sich **nicht** für eine Beschreibung?

1	Kopf
länglich	5
kantig	7
häufig	12

2	Ohren
bösartig	8
lang	3
spitz	10

3	Augen
groß	4
trüb	1
geheim	9

4	Schnauze
kurz	7
spät	11
kräftig	2

5	Zähne
spitz	6
still	3
scharf	1

6	Hals
schüchtern	7
mager	12
beweglich	11

7	Rumpf
wuchtig	10
fleischig	6
froh	5

8	Fell
einfarbig	11
reich	2
kurzhaarig	9

9	Vorderbeine
krumm	12
schwierig	10
schwach	8

10	Hinterbeine
dumm	6
stark	4
stämmig	3

11	Füße
plump	8
dick	2
ewig	4

12	Schwanz
rasch	1
buschig	9
breit	5

Achtung! Umgangssprache – Nomen (Namenwörter)

Suche den besseren Ausdruck.

1	Futterluke	Augen	4
2	Gesöff	Beine	1
3	Patschen	Essen	8
4	Moneten	Füße	6
5	Fahrgestell	Geld	5
6	Zahnklempner	Getränk	10
7	Ratzefummel	Hände	7
8	Sehlöcher	Mund	12
9	Rotzfahne	Pferd	3
10	Schweißhaxen	Radiergummi	11
11	Fraß	Taschentuch	2
12	Klepper	Zahnarzt	9

Achtung! Umgangssprache – Verben (Zeitwörter)

Diese Gauner!

1	Jeden Morgen **ratzen** Robbie und Tom bis 8 Uhr.	arbeiten	2
2	Erstaunt **glotzen** sie auf den Wecker.	entwischen	3
3	Beim Frühstück **quatschen** sie noch mit ihrer kleinen Schwester.	graben	8
4	Ihre Eltern **malochen** schon längst in der Fabrik.	gucken	10
5	Dort **klauen** manchmal fremde Kinder die teuren Fliesen.	reden	12
6	Diese **verscheuern** sie an andere Bauherren.	sausen	1
7	Zur Tarnung **buddeln** sie vor der Baustelle im Sand.	schießen	4
8	Manchmal **ballern** sie auch mit Platzpatronen.	schlafen	7
9	Wenn sie jemand anspricht, **schnallen** sie gar nichts.	stehlen	6
10	Kommt die Polizei, **düsen** sie ins Einkaufszentrum.	verkaufen	9
11	Aber vorher **schmeißen** sie noch ihre Beute weg.	verstehen	5
12	Geschickt **witschen** sie dann durch die Drehtür.	werfen	11

Personenbeschreibung – Adjektive (Eigenschaftswörter)

Welches Wort eignet sich **nicht** für die Beschreibung des Merkmals?

1	Geschlecht	herrlich	9	weiblich	3	männlich	5
2	Alter	achtjährig	4	zehnjährig	10	groß	8
3	Figur	fleißig	11	schlank	9	behäbig	2
4	Körperhaltung	gebückt	8	schief	1	schwarz	10
5	Kleidung	modisch	11	spät	5	sauber	7
6	Kopf/Gesicht	rund	2	dreieckig	7	oval	12
7	Nase	spitz	6	krumm	5	laut	4
8	Haarfarbe	kariert	2	blond	6	braun	12
9	Hautfarbe	blass	1	lila	12	hellbraun	3
10	Arme	eisern	3	lang	11	dick	7
11	Beine	kurz	8	kräftig	4	flüssig	6
12	Füße	breit	9	klug	1	schmal	10

Notwendige und nicht notwendige Angaben bei einer Personenbeschreibung

Gehört der Satz zu einer guten Personenbeschreibung?

	ja		nein
1	9	Er hat die Nase mitten im Gesicht.	10
2	11	Ihre Brille hat sehr starke Gläser.	8
3	8	Sein linker Fuß steckt in einem Verband.	12
4	7	Fast jeden Tag ärgert er seinen Bruder.	9
5	2	Sie ist etwa 1,55 m groß und schlank.	4
6	12	Auf der Nase sitzen viele Sommersprossen.	5
7	10	Außerdem hat er noch zwei Beine.	3
8	5	Das Haar ist glatt und mittelbraun.	11
9	6	Manchmal verschläft er die Zeit.	7
10	4	Auf der Hose sind streifige Farbflecke.	2
11	3	Dreimal pro Woche geht er zum Training.	1
12	1	Manchmal ist er sehr frech zu mir.	6

Stichwörter zum Thema „Zirkus“

Welches Stichwort passt **nicht** zum Thema „Zirkus“?

1

Trapez	5
Dressur	3
Küste	11

2

Dickicht	7
Sprungnetz	11
Kunstreiter	12

3

Artist	4
Plakat	12
Honig	9

4

Jongleur	6
Tennisplatz	12
Zirkusdirektor	2

5

Wandertag	3
Zelt	6
Fangseil	11

6

Tierbändiger	10
Zitrone	8
Manege	5

7

Peitsche	2
Notausgang	8
Quelle	6

8

Clown	7
Postamt	1
Zauberer	3

9

Zwieback	10
Laufkugel	7
Mast	1

10

Gärtner	5
Kasse	9
Seiltänzer	4

11

Raubtierkäfig	1
Flusslauf	4
Musiker	10

12

Springreifen	8
Akrobat	9
Muschel	2

Stichwörter zum Thema „Auto“ und „Fahrrad“

Welches Teil kann beim Auto **und** beim Fahrrad vorkommen?

1		2		3	
Scheinwerfer	12	Stoßstange	8	Vorderradgabel	10
Lenkrad	4	Satteltasche	7	Rücklicht	7
Kettenschutz	3	Handbremse	3	Kotflügel	2

4		5		6	
Markenname	11	Scheibenwischer	7	Speichenstrahler	3
Rücktrittbremse	1	Tachometer	1	Motorhaube	11
Kofferraumhaube	9	Fahrradständer	8	Lichtkabel	4

7		8		9	
Sattelauflage	12	Vorderrad	9	Benzintank	5
Reifen	5	Querstange	12	Felgen	8
Rahmenrohr	6	Gaspedal	10	Kette	1

10		11		12	
Speichenschutz	4	Türgriff	6	Hinterrad	10
Reserverad	11	Tretlager	9	Waschdüsen	2
Rückspiegel	6	Gepäckträger	2	Scheibenheizung	5

Quiz-Fragen – Brief

Welche Antwort ist richtig?

1 Was gehört **nicht** zu einem Brief?

die Anschrift	7
der Stundenplan	2
das Datum	4

2 Welches Satzzeichen steht hinter der Anrede?

das Komma	12
der Punkt	8
das Fragezeichen	6

3 Was ist **kein** Anredefürwort?

Sie	8
mein	4
Ihnen	5

4 Was gibt es **nicht**?

den Briefpfeil	7
den Briefbogen	11
das Briefpapier	3

5 Was ist **keine** Anredeformel

Sehr geehrter Herr	1
Liebe Tante	4
An Frau	10

6 Womit lädt man jemanden ein?

mit einer Einladung	5
mit einer Einleitung	7
mit einer Beschreibung	9

7 Was steht am Anfang eines Briefes?

die Vorrede	3
die Anrede	1
die Nachrede	10

8 Was gibt es?

die Briefmarke	6
die Briefmünze	10
die Briefente	2

9 Was steht am Ende eines Briefes?

die Schönschrift	12
die Abschrift	1
die Unterschrift	3

10 Was ist **keine** Grußformel?

Viele Grüße von	11
Mit freundlichen Grüßen	9
Ich erwarte dich	8

11 Was gehört **nicht** zu einer Anschrift?

die Straße	12
die Garage	9
die Postleitzahl	6

12 Was steht **nicht** auf einem Briefumschlag?

der Absender	5
die Anschrift	2
die Antenne	11

Satzanfänge – Satzumstellungen

Suche den umgestellten Satz.

1 **Wir** formen zuerst zwei Schneebälle.

2 **Wir** rollen diese über den Schnee.

3 **Wir** wälzen die Schneerollen immer weiter.

4 **Wir** haben dann zwei große, schwere Schneeblöcke.

5 **Wir** stellen diese gemeinsam aufeinander.

6 **Wir** setzen einen mittelgroßen Kopf aus Schnee darauf.

7 **Wir** stecken ihm zwei Kohlenstücke als Augen hinein.

8 **Wir** geben ihm als Nase eine rote Möhre.

9 **Wir** setzen nun zwei Arme aus Schnee an den Körper.

10 **Wir** befestigen dann einen Besen an einem Arm.

11 **Wir** setzen ihm anschließend einen Hut auf den Kopf.

12 **Wir** binden ihm schließlich einen Schal um den Hals.

Als Nase geben wir ihm eine rote Möhre. 8

An einem Arm befestigen wir dann einen Besen. 3

Anschließend setzen wir ihm einen Hut auf den Kopf. 6

Dann haben wir zwei große, schwere Schneeblöcke. 10

Darauf setzen wir einen mittelgroßen Kopf aus Schnee. 7

Diese rollen wir über den Schnee. 2

Gemeinsam stellen wir diese aufeinander. 11

Immer weiter wälzen wir die Schneerollen. 5

Nun setzen wir an den Körper zwei Arme aus Schnee. 12

Um den Hals binden wir ihm schließlich einen Schal. 1

Zuerst formen wir zwei Schneebälle. 9

Zwei Kohlenstücke stecken wir ihm als Augen hinein. 4

Treffende Verben (Zeitwörter) zum Thema „Hausbau“

Was die Leute auf der Baustelle machen

Suche das treffende Verb (Zeitwort).

1	2	3
Der Vermessungs-ingenieur ___ das Grundstück.	Der Bauherr ___ den Bauplatz.	Der Architekt ___ die Baupläne.
verliert 4	knickt 3	zeichnet 11
vermisst 10	kocht 11	zerreißt 5
vergisst 11	kauft 8	zieht 10

4	5	6
Der Baggerfahrer ___ die Bau-grube aus.	Die Maurer ___ die Wände hoch.	Die Zimmerleute ___ den Dachstuhl.
mistet 10	mauern 5	riechen 7
wäscht 2	gießen 2	richten 1
hebt 9	fliegen 9	rühren 12

7	8	9
Die Dachdecker ___ das Dach mit Dachziegeln.	Der Tischler ___ die Fenster und Türen ein.	Der Gas- und Wasserinstallateur ___ die Rohre.
stecken 1	setzt 2	bremst 8
decken 3	biegt 6	backt 1
kehren 5	rollt 12	befestigt 6

10	11	12
Der Elektriker ___ die elek-trischen Leitungen.	Der Plattenleger ___ die Platten und Fliesen.	Die Maler ___ die Wände und Decken.
schüttelt 7	verletzt 4	streichen 7
kühlt 9	verlegt 12	streicheln 3
legt 4	verbrennt 8	stricken 6

Treffende Nomen (Namenwörter) zum Thema „Hausbau“

Was benötigen diese Handwerker?

Zu einer genauen Beschreibung gehören auch die richtigen Fachausdrücke.

1	Plattenleger
Schraubzwinge	10
Spazierstock	8
Wasserwaage	1

2	Dachdecker
Schere	3
Hammer	11
Fernrohr	8

3	Sanitär-installateur
Rohrzange	9
Propeller	11
Schwimmflossen	7

4	Glaser
Sägebock	7
Brillenglas	5
Glasschneider	8

5	Tischler
Hobel	3
Wassereimer	1
Abschleppseil	9

6	Maurer
Faustkeil	9
Kelle	6
Lötpistole	12

7	Elektriker
Hacke	5
Schraubendreher	2
Spaten	10

8	Maler
Farbrolle	5
Locheisen	11
Lötkolben	3

9	Zimmermann
Schusterhammer	2
Pinsel	4
Säge	10

10	Verputzer
Korkenzieher	2
Käsemesser	4
Reibbrett	7

11	Schlosser
Schaufel	6
Schweißgerät	4
Betonmischer	12

12	Tapezierer
Kleisterbürste	12
Metallsäge	1
Schraubstock	6

Gegensatz-Geschichte

Katze in Not!

Suche das gegensätzliche Adjektiv (Eigenschaftswort).

1 Auf einem hohen Baum konnte sich eine kleine Katze nur noch **stark** festkrallen.

2 Sie schaute **mutig** auf die Straße herab.

3 Fritz näherte sich **unvorsichtig** dem Baum.

4 Die Straßenlaterne schien **dunkel** auf ihr weißes Fell.

5 Der Junge rief **leise** nach seiner Mutter:

6 „Dort oben sitzt eine kleine Katze **kraftvoll** im Baum!“

7 Vielleicht hatte sie schon tagelang **gut** geschlafen.

8 Er holte **langsam** eine Leiter.

9 Sofort stellte er die Leiter **unsicher** an den Baumstamm.

10 Unverzüglich kletterte er **ungeschickt** hinauf.

11 Mit schnellem Griff hielt er die Katze **lose** in der Hand.

12 Zum Schluss wimmerte die Katze nur noch **laut**.

ängstlich	10
fest	6
geschickt	8
hell	7
laut	11
leise	3
kraftlos	9
schlecht	1
schnell	4
schwach	2
sicher	12
vorsichtig	5

Berichte-Mix

"Immer nur eine Geschichte oder nur einen Bericht zur Zeit!"

"Um anschaulicher zu berichten, werden beim Fußball manchmal bildhafte Ausdrücke verwendet."

Zu welchem Bericht gehören die Sätze?

	Fußballreportage		Wetterbericht
1	4	Das Gewitter von heute Nacht zieht weiter nach Osten.	5
2	1	Wie aus heiterem Himmel wendet sich das Blatt.	9
3	9	Der Linksaußen fegt wie ein Blitz über das Spielfeld und schießt.	8
4	2	Der Sturm legt sich im Laufe des Vormittags.	6
5	3	Der Mittelstürmer verwandelt die Flanke in ein Tor.	7
6	5	Später treten nur noch vereinzelte Niederschläge auf.	2
7	11	Mäßige Winde wehen aus Süd bis Südost.	12
8	7	Unter donnerndem Applaus landet der Ball im Netz.	1
9	10	In Windeseile steht die Abwehr wieder.	3
10	6	Die Bewölkung lockert sich langsam auf.	11
11	12	Stellenweise scheint dann die Sonne.	4
12	8	Trotzdem ist die Niederlage nicht mehr abzuwenden.	10

Treffende Vergleiche – Adjektive (Eigenschaftswörter)

Suche das passende Adjektiv (Eigenschaftswort).

1  ____ wie ein Reh	2  ____ wie eine Zitrone
3  ____ wie ein Pfeil	4  ____ wie ein Schwein
5  ____ wie ein Clown	6  ____ wie ein Kissen
7  ____ wie ein Soldat	8  ____ wie Eis
9  ____ wie Gold	10  ____ wie ein Wolf
11  ____ wie eine Tanne	12  ____ wie Wasser

dreckig	4
flüssig	11
gehorsam	10
hungrig	9
kalt	12
lustig	7
sauer	6
scheu	3
schlank	8
schnell	1
weich	5
wertvoll	2

Treffende Vergleiche – Verben (Zeitwörter)

Welches Verb (Zeitwort) fehlt?

1

____ wie ein Schlot

2

____ wie ein Vogel

3

____ wie ein Schuss

4

____ wie ein Wasserhahn

5

____ wie ein Löwe

6

____ wie eine Rasierklinge

7

____ wie eine Katze

8

____ wie ein Fisch

9

____ wie die Sonne

10

____ wie ein Wasserfall

11

____ wie eine Zange

12

____ wie ein Rad

brüllen	8
fliegen	5
knallen	2
kneifen	1
kratzen	9
rauchen	4
rauschen	10
rollen	6
scheinen	7
schneiden	12
schwimmen	11
tropfen	3

Bildhafte zusammengesetzte Adjektive (Eigenschaftswörter) – Farben

Sonja liebt farbige Kleidung

Durch treffende Vergleiche kann man Farben genau beschreiben.

Suche das passende Wort für die Farbe.

1		ein ___ Rock
2		eine ___ Strumpfhose
3		ein ___ Taschentuch
4		ein ___ T-Shirt
5		eine ___ Mütze
6		ein ___ Mantel
7		ein ___ Schuh
8		ein ___ Nachthemd
9		ein ___ Schal
10		eine ___ Hose
11	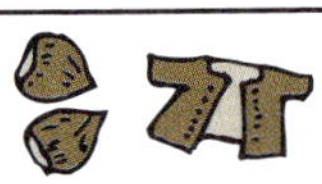	eine ___ Jacke
12		ein ___ Pullover

feuerrotes	7
grasgrüner	3
haselnussbraune	8
himmelblauer	2
kaffeebrauner	12
kreideweiße	4
mausgraue	6
rosenroter	9
schokoladenbrauner	11
schweinchenrosa	10
veilchenblaues	5
zitronengelbe	1

Quiz-Fragen – Aufsatz

Suche die richtige Antwort.

1 Wie nennt man die Anordnung der Textteile im Aufsatz?	**2** Womit kann man etwas anschaulich und lebendig darstellen?	**3** Wie kann man den Mittelteil eines Aufsatzes auch nennen?
Strecke 4	Vergleich 8	Hauptteil 3
Gliederung 12	Gleichung 1	Halbzeit 11
4 Wie nennt man Wörter, die besonders gut passen?	**5** Wie nennt man das Ende eines Aufsatzes?	**6** Was sollte möglichst oft gewechselt werden?
schießende Ausdrücke 8	Ziel 6	Satzanfänge 7
treffende Ausdrücke 11	Schluss 9	Zeichensetzung 12
7 Wie heißt der erste Teil eines Aufsatzes?	**8** Wie nennt man eine Gruppe von Wörtern mit ähnlicher Bedeutung?	**9** Wie heißt die Überschrift in einer Zeitung?
Anpfiff 3	Wortfeld 2	Schlagzeug 7
Einleitung 5	Reimwörter 10	Schlagzeile 4
10 Was sollte in einem Aufsatz nicht gewechselt werden?	**11** Wie heißen die passenden Wörter zu einem Thema?	**12** Wie nennt man es, wenn Handlungen in einer Geschichte nacheinander ablaufen?
Farbe 9	Stichwörter 10	Reihenfolge 1
Zeit 6	Stichprobe 2	Reihenhaus 5

Bildhafte Redensarten

Suche die passende Bedeutung.

1		jemandem einen Knüppel zwischen die Beine werfen
2		etwas an die große Glocke hängen
3		die Flinte ins Korn werfen
4		Tomaten auf den Augen haben
5		auf dem Teppich bleiben
6		sich etwas hinter die Ohren schreiben
7		eine harte Nuss knacken
8		ein Brett vor dem Kopf haben
9		auf die Palme bringen
10		ins Schwarze treffen
11		wie Hund und Katze sein
12		vor Anker gehen

eine schwierige Aufgabe lösen	10
etwas nicht begreifen können	2
etwas nicht sehen können	4
etwas überall herumerzählen	8
genau das Richtige tun	9
jemandem Schwierigkeiten bereiten	3
Rast machen	7
sich etwas merken	1
sich ständig streiten	12
vernünftig bleiben	5
vorschnell aufgeben	11
wütend machen	6